BEI GRIN MACHT SICH IHR WISSEN BEZAHLT

- Wir veröffentlichen Ihre Hausarbeit, Bachelor- und Masterarbeit

- Ihr eigenes eBook und Buch - weltweit in allen wichtigen Shops

- Verdienen Sie an jedem Verkauf

Jetzt bei www.GRIN.com hochladen und kostenlos publizieren

Bibliografische Information der Deutschen Nationalbibliothek:

Die Deutsche Bibliothek verzeichnet diese Publikation in der Deutschen Nationalbibliografie; detaillierte bibliografische Daten sind im Internet über http://dnb.d-nb.de/ abrufbar.

Dieses Werk sowie alle darin enthaltenen einzelnen Beiträge und Abbildungen sind urheberrechtlich geschützt. Jede Verwertung, die nicht ausdrücklich vom Urheberrechtsschutz zugelassen ist, bedarf der vorherigen Zustimmung des Verlages. Das gilt insbesondere für Vervielfältigungen, Bearbeitungen, Übersetzungen, Mikroverfilmungen, Auswertungen durch Datenbanken und für die Einspeicherung und Verarbeitung in elektronische Systeme. Alle Rechte, auch die des auszugsweisen Nachdrucks, der fotomechanischen Wiedergabe (einschließlich Mikrokopie) sowie der Auswertung durch Datenbanken oder ähnliche Einrichtungen, vorbehalten.

Impressum:

Copyright © 2016 GRIN Verlag, Open Publishing GmbH
Druck und Bindung: Books on Demand GmbH, Norderstedt Germany
ISBN: 9783668503762

Dieses Buch bei GRIN:

http://www.grin.com/de/e-book/372042/der-prophet-elisa-als-nachfolger-elias

T. Woodpecker

Der Prophet Elisa als Nachfolger Elias

GRIN Verlag

GRIN - Your knowledge has value

Der GRIN Verlag publiziert seit 1998 wissenschaftliche Arbeiten von Studenten, Hochschullehrern und anderen Akademikern als eBook und gedrucktes Buch. Die Verlagswebsite www.grin.com ist die ideale Plattform zur Veröffentlichung von Hausarbeiten, Abschlussarbeiten, wissenschaftlichen Aufsätzen, Dissertationen und Fachbüchern.

Besuchen Sie uns im Internet:

http://www.grin.com/

http://www.facebook.com/grincom

http://www.twitter.com/grin_com

Inhaltsverzeichnis

1. Einleitung 2
    1.1. Fragestellung 2
2. Die Propheten Elia und Elisa 2
    2.1. Der Aufbau der Elia- und Elisa-Überlieferung innerhalb der Könige-Bücher 2
    2.2. Der Auftrag der Propheten Elia und Elisa 3
    2.3. Die Himmelfahrt Elias und der Nachfolger Elisa 4
    2.4. Der Dienst Elisas 5
3. Fazit 6
4. Literaturverzeichnis 7

1. Einleitung

Elia und Elisa stellen in vielerlei Hinsicht zwei der faszinierendsten Propheten des Alten Testamentes dar. So nimmt die Elia- und Elisa-Überlieferung innerhalb der vorderen Propheten einen recht großen Raum ein. In den Büchern der Könige ist neben dem Propheten Samuel von keinem anderen Propheten so viel zu lesen wie von Elia und Elisa. Zudem kennt die biblische Überlieferung kein anderes Prophetenpaar, bei dem von einer direkten Berufung des Nachfolgers durch den Vorgänger berichtet wird.[1]

1.1. Fragestellung

In der Betrachtung von Elisa als Nachfolger Elias gibt es in der Forschung immer wieder unterschiedliche Meinungen darüber, in wie weit Elisa als gleichwertiger Prophet im Vergleich zu Elia anzusehen ist.
Unumstritten ist in der Regel die Wertschätzung und besondere Rolle Elias´ als Prophet. So schreibt z.B. der Alttestamentler Crüsemann, der sich besonders mit dem Propheten Elia auseinandergesetzt hat: *„In jüdischer wie in christlicher Überlieferung ist Elia eine Gestalt, die an Bedeutung selbst die Größten noch übertrifft"*[2]. So findet Elia auch immer wieder Anklang im Neuen Testament etwa bei der Verklärungsgeschichte in Mk 9,1-8 oder im Bezug auf Johannes den Täufer den einige für den wiedergekommen Elia halten.
Hingegen ist die Bedeutung von Elisa als Propheten unter den Auslegern umstritten. Vor allem im Vergleich mit Elia wird dieser oft zurückgestuft. Hierzu schreibt Wellhausen, dass Elisa zwar den Mantel von Elia erhielt, jedoch nicht seinen Geist. Hingegen gibt es auch Ausleger, die zu einem ganz anderen Ergebnis kommen. So bezeichnet Volgger Elisa in seinem Buch „Tora" als einen zweiten, anderen Elia.
Aufgrund dieser sehr unterschiedlichen Einschätzungen zu Elisa lohnt die Betrachtung von Elisa als Nachfolger von Elia. So sollen nachfolgend Unterschiede und Gemeinsamkeiten der beiden Propheten betrachtet werden, um die Frage zu beantworten in welchem Grad und in welcher Form Elisa als Nachfolger von Elia gesehen werden kann.[3]

2. Die Propheten Elia und Elisa

2.1. Der Aufbau der Elia- und Elisa-Überlieferung innerhalb der Könige-Bücher

In den Könige-Büchern sind neben den Königen vor allem Propheten wichtig. So werden z.B. der Prophet Natan (1.Kön. 1), Ahija (1.Kön. 11-15), Jehu (1.Kön. 16), Jona (2.Kön. 14) und Jesaja (2.Kön. 19f) namentlich genannt. Zudem ist auch immer wieder von „Propheten" im Allgemeinen die Rede. Ihr Auftrag ist insbesondere die Ankündigung oder Begründung von Gericht über Israel und Juda.
Die Propheten Elia und Elisa nehmen hierin eine Sonderrolle ein. So ist die Beschreibung der Geschichte der beiden Propheten innerhalb der Könige-Bücher sehr ausführlich. In keinem anderen Teil der Könige-Bücher kommen Propheten in so dichter Weise vor und stehen im Mittelpunkt des Geschehens. Über Elia wird dabei in sechs Kapiteln berichtet (1.Kön17-19; 2.Kön1-2) und Elisa wird sogar in neun Kapiteln erwähnt (1.Kön. 19; 2.Kön. 2-8.13). 2.Kön. 2 bildet dabei den Mittelpunkt der Könige Bücher und die Himmelfahrt Elias und die Reaktion Elisas wiederrum bilden das Zentrum von 2.Kön. 2.

---

[1] Vgl. H. Schmid, Elisa und Elia, Witten 2013, 1.
[2] Vgl. Albertz, Elia, in: H. Schmid, Elisa und Elia, Witten 2013, 4.
[3] Vgl. ebd., 4-5.

Zudem werden sie nicht nur mit ihrem Bezug zum jeweiligen König genannt, sondern stehen eindeutig im Mittelpunkt der entsprechenden Kapitel. Eine weitere Besonderheit von Elia und Elisa liegt darin, dass bei beiden Propheten über ihren Tod berichtet wird. Diese Berichte sind im Alten Testament nur mit den Berichten über das Lebensende von Mose vergleichbar. Dabei sei jedoch gesagt, dass sich gerade im Tod der beiden Propheten auch ihre Eigenständigkeit und Unterschiedlichkeit zeigt. So wird Elia in den Himmel hinaufgehoben, während Elisa an Krankheit einen irdischen Tod stirbt.[4]

In einer Zeit, in der die Könige in der Aufgabe das Volk zu führen versagten, übernahmen die Propheten selbst die Leitung über das Volk Israel und werden so quasi zu *„Königen inkognito"* Somit stehen die beiden Propheten Elia und Elisa nicht zu Unrecht im Zentrum des Könige-Buches.[5]

2.2. Der Auftrag der Propheten Elia und Elisa

Elia erhält von Gott in 1.Kön. 19,15-19 drei Aufträge, die er ausführen soll. Nur einen, nämlich die Salbung Elisas, führt er selber aus. Die anderen Aufträge, die Auslöschung des Baalskultes und die Salbung der beiden Könige Hasael und Jehu, werden durch seinen Nachfolger Elisa vollendet.

- **Die Berufung von Elisa durch Elia als seinen Nachfolger**

„Aber der HERR sprach zu ihm: Geh wieder deines Weges durch die Wüste nach Damaskus und geh hinein und salbe Hasaël zum König über Aram und Jehu, den Sohn Nimschis, zum König über Israel und Elisa, den Sohn Schafats, von Abel-Mehola zum Propheten an deiner statt." (1Kön 19,15-16)
Elia erhält von Gott neben weiteren Aufträgen auch den Auftrag, Elisa zu berufen und *„zum Propheten an deiner statt"* zu salben. Diese Form der Berufung eines Propheten durch einen anderen ist einmalig in der alttestamentlichen Überlieferung. Das heißt nicht, dass es auszuschließen ist, dass es solch einen Vorgang noch öfter gab, aber die Überlieferung schweigt darüber. Dort, wo von der Berufung eines Propheten die Rede ist, ist es Gott selber der beruft, so z.B. in Jer, 1,4-5 wenn es dort heißt:
„Und des HERRN Wort geschah zu mir: Ich kannte dich, ehe ich dich im Mutterleibe bereitete, und sonderte dich aus, ehe du von der Mutter geboren wurdest, und bestellte dich zum Propheten für die Völker."
Als einzige Parallele zu der Berufung von Elisa durch Elia kann die Nachfolge von Mose durch Josua gesehen werden. In Num. 27,12-23 wird Josua durch Mose berufen und in sein Amt eingeführt, jedoch gibt es auch einige Unterschiede.

1. Josua wird weder im Pentateuch noch im Buch Josua selber als Prophet bezeichnet.
2. Josua wird von Mose als sein Nachfolger eingesetzt, der sein Werk fortführen soll, aber er ist kein zweiter Mose.
3. Josua stand schon vor seiner Berufung zu Moses Nachfolger in dessen Diensten (Ex 24,13; 33,11). Bei Elia und Elisa ist eine Verbindung vor der Berufung nicht zu erkennen.[6]

---
[4] Vgl. ebd., 16-17.
[5] Vgl. H. Schmid, a.a.O., 259.
[6] Vgl. H. Schmid, a.a.O., 43-44.

- **Der Kampf gegen den Baalskult**

Der Kampf und die Auseinandersetzung mit dem Baalskult sind das zentrale Thema der Elia-Überlieferung. Die erste Erwähnung des Wortes „Baal" im Buch der Könige findet in 1.Kön. 16,31 statt und geht der ersten Erwähnung von Elia unmittelbar voraus.
Elia, der sich auf den Gott Israels berufend den religiösen und kultischen Neuerungen des Königs Ahab und vor allem seiner Frau Isebel wiedersetzt, stellt damit „Gottes Opposition" dar.[7]
Der Höhepunkt dieses Kampfes findet sich wohl in 1.Kön. 18 mit dem Gottesurteil am Karmel. In 2.Kön. 1 kündigt Elia den Tod von König Ahasja an, nachdem dieser aufgrund seiner Verletzungen Männer ausgesandt hatte, um den Baal-Sebub zu befragen.[8]
Während Elia zeit seines Lebens mit Königen zu tun hatte, die den Baalskult förderten, zeichnet sich bei Elisa ein anderes Bild.
Joram, ein Sohn von Ahab und Isebel, wird König in Israel und lässt die Baals-Statue, die sein Vater gemacht hatte, zerstören. Ob es noch weitere Handlungen in diese Richtung gab, ist nicht sicher zu sagen. Auch heißt es über Joram in 2.Kön. 3,2: „...und er tat, was böse war in den Augen des Herren, ...".
Vielleicht war dies jedoch der Auftakt zu einem Wandel in Israel. Wie zu Beginn tritt der Baalskult und dessen Überwindung erneut auf, in 2. Kön. 9-12. Diesmal am Ende der Elisa-Überlieferung und zudem in umfassender und radikaler Form. Die Baalsthematik rahmt somit die Elisa-Überlieferung ein, jedoch nicht im negativen Sinne wie bei Elia, sondern im positiven.
Die Baalsthematik ist somit Bestandteil sowohl von der Elia- als auch der Elisa-Überlieferung, allerdings in antithetischer Weise.[9]

[10]

Die Zeit Elias	Einführung und Pflege des Baalskultes	(1.Kön. 16,29- 2.Kön. 1)
	Einführung des Baalskultes unter Ahab	(1.Kön. 16,29-33)
	Fortsetzung des Baalskultes unter Ahasja	(1.Kön. 22,52-2.Kön. 1)
	Elias Himmelfahrt und Beginn von Elisas Wirken	**(2.Kön. 2)**
	Minderung des Baalskultes unter Joram	(2.Kön. 3,2)
	Überwindung des Baalskultes durch Jehu und Joasch	(2.Kön. 9-12)
Die Zeit Elisas	**Überwindung des Baalskultes**	**(2.Kön. 3-13)**

2.3. Die Himmelfahrt Elias und der Nachfolger Elisa

Die Himmelfahrt Elias´ ist ohne Zweifel das zentrale Ereignis in der Elia- und Elisa-Überlieferung. Elisa ist der einzige, der Elia begleitet, und somit auch der einzige direkte Zeuge der Himmelfahrt von Elia.
Bevor Elia in den Himmel hinaufgehoben wird, gewährt er Elisa noch, eine Bitte zu äußern, was er für ihn tun soll. Die Antwort Elisas wird unterschiedlich übersetzt und

---

[7] Vgl. H. Egelkraut, Das Alte Testament, Entstehung- Geschichte- Botschaft, Gießen 1989, 310.
[8] Vgl. H. Schmid, a.a.o., 27.
[9] Vgl. H. Schmid, a.a.o., 28-29.
[10] Ebd., 30.

dementsprechend auch ausgelegt. Die verschiedenen Varianten spielen dabei auch eine wichtige Rolle bei der Bewertung von Elisa als Nachfolger von Elia.
So übersetzt die Luther Bibel 2.Kön. 2,9 mit:
„Elisa sagte: Dass mir doch ein zweifacher Anteil von deinem Geist gegeben werde!"
Sie merkt jedoch an, dass auch eine zweite Variante möglich wäre. So könnte der *„ein zweifacher Anteil"* auch mit *„zweidrittel von deinem Geist"* übersetzt werden.
Die Aussage des *„ein zweifacher Anteil"* ist dabei nicht als maßlos oder überheblich zu verstehen, sondern spielt wohl auf das Recht des Erstgeborenen an, wenn es um die Verteilung des Erbes ging. Dem Erstgeborenen stand in Israel ein doppelter Anteil vom Erbe zu, wenn der Besitz nach dem Tod des Vaters aufgeteilt wurde.[11]
Während die einen also aus dieser Wendung schließen, dass Elisa hinter Elia zurückbleibt, sehen die anderen genau das Gegenteil bestätigt. Die Frage ist jedoch, ob nicht viel mehr die Taten Elisas Grund zur Beurteilung seines Amtes als Prophet sein sollten, als diese Stelle aus 2.Kön. 2,9. Entscheidend ist hier festzuhalten, dass Elisa den Geist, um den er bittet, mit dem Willen Gottes empfängt, denn dieser lässt ihn sehen wie Elia in den Himmel auffährt.
Als sichtbares Zeichen für seine Nachfolgerschaft erhält Elisa den Mantel des Elia.

2.4. Der Dienst Elisas

Über die Frage wie die „Nachfolge" Elisas zu Lebzeiten von Elia ausgesehen hat, wird nichts konkret berichtet. So wird Elisa nach seiner Berufung erst wieder bei der Himmelfahrt Elias erwähnt, worauf dann auch gleich der Einstieg in seine Nachfolge von Elia beginnt. Fortan ist es dann Elisa, der im Mittelpunkt der Berichterstattung steht.
Betrachtet man jedoch z.B. 2.Kön. 2,3, so ist festzuhalten, dass die anderen Prophetenjünger Elia im Gespräch mit Elisa als „deinen Herren" bezeichnen. Hieran zeigt sich, dass Elisa offenbar in einem anderen Verhältnis zu Elia stand als die Prophetenjünger. Auch wird er nicht wie der Diener Gehasi als solcher bezeichnet, sondern seine Rolle als Nachfolger wird betont. Zudem ist Elisa als einziger bei der Himmelfahrt des Elia anwesend und nach der Himmelfahrt Elias wird Elisa von den Prophetenjüngern auf die gleiche Weise Verehrung entgegengebracht wie es zuvor bei Elia der Fall war (s. 2.Kön. 2,15).
In all diesen Punkten zeigt sich die besondere Meister-Jünger-Beziehung zwischen Elia und Elisa.[12]
In 2.Kön. 3,11 wird Elisa als derjenige bezeichnet, „der Wasser über die Hände Elias goss". Dieser Ausdruck wird allgemein so gedeutet, dass er für den Dienst steht, den Elisa Elia erwiesen hat. Ob dieser Ausdruck darüber hinaus noch eine weitere Bedeutung hat, kann nicht sicher gesagt werden. Auffallend ist jedoch, dass Wasser im Dienst und bei den Wundern Elisas immer wieder eine Rolle spielen.
- Elia und Elisa teilen mit dem Mantel das Wasser des Jordan (2.Kön. 2,8.14)
- Elisa macht schlechtes Wasser wieder gut (2.Kön. 2,19-21)
- Naaman soll siebenmal im Jordan untertauchen, um gesund zu werden (2.Kön. 5,10)
- Elisa holt ein Beil eines Prophetenjünger wieder an die Oberfläche, das zuvor ins Wasser gefallen war. (2.Kön. 6,1-7)

Somit vertreten einige Ausleger die Meinung, dass der Ausspruch „der Wasser über die Hände Elias goss" eine Anspielung auf bereits gewirkte Wunder von Elisa sein könnte.[13]

---

[11] Vgl. G. Hoinle, Elisa, Mann der Wunder, Schweinfurt 2012, 22.
[12] Ebd., 50-51.
[13] Vgl. H. Schmid, a.a.o., 52-53.

Zu Beginn seines Wirkens erhebt Elisa nicht selbst den Anspruch ein Prophet zu sein, sondern es wird über ihn ausgesagt. Diese Tatsache hat er mit Elia gemein, über den ebenfalls von einer neutralen Instanz ausgesagt wurde, dass er über Gottes Wort verfügt.

Kennzeichen Elisas als Prophet
Die Berufung und Salbung durch Elia (1.Kön. 19,19-21)
Die Verehrung der Prophetenjünger (2.Kön. 2,15)
Joschafat ruft nach einem Propheten, Elisa wird genannt (2.Kön. 3,11-12)
Typische Botenspruchformel „So spricht der HERR" und Weissagung (2.Kön. 3,16-17)
Die Wundertaten Elisas (2.Kön. 2-9)

3. Fazit

Bei der Betrachtung Elisas als Nachfolger von Elia gibt es eine Reihe von Auslegern, die Elisa als legitimen Nachfolger sehen, ohne dabei einen qualitativen Vergleich zwischen Elia und Elisa näher zu thematisieren.[14]

Andere Ausleger wiederum, wie Gese oder Volgger, gehen hier noch einen Schritt weiter und sehen durch die Weitergabe des Geistes Elisa als geistlichen Nachfolger und Repräsentant Elias. So schreibt Volgger: *„Elischa ist zu einem zweiten, anderen Elija geworden"*[15]

Auch die Prophetenjünger sagen in 2.Kön. 2,15: *„Der Geist des Elia ruht auf Elisa!"* und bezeichnen ihn nicht einfach als Propheten.

Betrachtet man die Wunder und den Dienst von Elisa, im Vergleich zu Elia, so fällt auf, dass sein Handeln stark durch Hilfe und Barmherzigkeit geprägt ist. Im Gegensatz zu Elia, der vor allem Gericht bringt. Gemeinsam repräsentieren sie zwei wichtige Eigenschaften Gottes in der Begegnung mit seinem Volk Israel. Somit bilden beide einen Teil göttlichen Wirkens wieder und können als Einheit gesehen werden.[16]

Abschließend kann gesagt werden, dass Elisa der legitime und gleichwertige Nachfolger Elias ist. In diesem Sinne kann man ihn, wie es auch manche Ausleger tun, als zweiten Elia bezeichnen. Er ist jedoch nicht identisch mit Elia, sondern bleibt der Prophet Elisa.[17]

---

[14] Vgl. ebd., 222.
[15] Albertz, Elia, in: H. Schmid, Elisa und Elia, Witten 2013, 223.
[16] Vgl. F. Rienecker, Elisa, in: LB, Witten 2013, 280-281. 280.
[17] Vgl. H. Schmid, a.a.o., 223-4.

4. Literaturverzeichnis

Egelkraut, H. (Hg.) Das Alte Testament. Entstehung- Geschichte- Botschaft. Gießen 1989. Brunner Verlag Gießen.

Rienecker, F., G. Maier u. H. Schick (Hg.): Lexikon zur Bibel. Witten: SCM R.Brockhaus, 2013.

Hoinle, G. (Hg.): Elisa. Mann der Wunder. Schweinfurt 2012. Delta Edition.

Schmid, H. (Hg.): Elisa und Elia. Witten 2013. SCM R. Brockhaus im SCM- Verlag GmbH & Co. KG.

BEI GRIN MACHT SICH IHR WISSEN BEZAHLT

- Wir veröffentlichen Ihre Hausarbeit, Bachelor- und Masterarbeit

- Ihr eigenes eBook und Buch - weltweit in allen wichtigen Shops

- Verdienen Sie an jedem Verkauf

Jetzt bei www.GRIN.com hochladen und kostenlos publizieren